Lujo Brentano

Über Einigungsämter

Lujo Brentano
Über Einigungsämter
ISBN/EAN: 9783743410138
Hergestellt in Europa, USA, Kanada, Australien, Japan
Cover: Foto ©Suzi / pixelio.de
Manufactured and distributed by brebook publishing software (www.brebook.com)

Lujo Brentano

Über Einigungsämter

ÜBER EINIGUNGSÄMTER.

EINE POLEMIK

MIT HERRN

DR. ALEXANDER MEYER

GENERALSECRETÄR DES STÄNDIGEN AUSSCHUSSES DES DEUTSCHEN HANDELSTAGS.

HERAUSGEGEBEN

VON

LUJO BRENTANO

A. Ö. PROFESSOR DER STAATSWISSENSCHAFTEN IN BRESLAU.

LEIPZIG,
VERLAG VON DUNCKER & HUMBLOT.
1873.

Alle Rechte vorbehalten.

— — — Stulta est clementia, quum tot ubique
Vatibus occurras, periturae parcere chartae.

Juvenal. Sat. I.

Im Folgenden veröffentliche ich eine Polemik, die sich zwischen mir und Herrn Dr. Alexander Meyer in der Breslauer Zeitung entwickelt hat. Ich bin zu dieser Polemik gedrängt worden durch wiederholte Angriffe und Insinuationen, die von Herrn Meyer und Andern neuerdings in der Presse gegen mich veröffentlicht wurden. Der Grund aber, der mich zu dieser Zusammenstellung unsrer Polemik veranlasst hat, ist die Wahrnehmung, dass unsre Gegner von der Voraussetzung ausgehen, ein Zeitungsleser werde nicht mehr in Erinnerung haben, was vor ein paar Tagen von der einen oder andern Partei gesagt worden ist. Diese Methode, auf die Flüchtigkeit zu speculiren, mit welcher Zeitungen gemeinhin gelesen werden, ist zwar überall verwerflich, besonders gefährlich aber scheint sie mir, wenn sie angewendet wird, wo es sich um die Ermittlung der Wahrheit in einer das gesammte gesellschaftliche Leben bedrohenden Krisis handelt.

Aus der Lectüre der nachfolgenden Polemik wird der Leser ohne Weiteres entnehmen, welche von den beiden Parteien das Publikum durch thatsächliche, auf

Erfahrung gestützte Beweise zu orientiren und welche dasselbe durch Spiegelfechtereien irrezuleiten sucht.

Da die Polemik der „Breslauer Zeitung" sich anknüpft an eine Polemik zwischen der „National-Zeitung" und Herrn Meyer ist es nothwendig, dass ich auch diese Polemik vollständig mittheile.

L. Brentano.

Breslauer Zeitung No. 532.
Mittwoch den 13. November 1872.

GEWERBESCHIEDSGERICHTE UND EINIGUNGS-ÄMTER.

Die Gewerbeschiedsgerichte, deren Einführung durch die Gewerbe-Ordnung angeordnet worden ist, fangen allmählich an, mehr und mehr Eingang zu gewinnen. Wir haben wiederholt auseinandergesetzt, wie wichtig und unentbehrlich ein solches Institut ist. Das richtige Verständniss desselben wird freilich erschwert, wenn man dieselben mit den Einigungsämtern zusammenwirft, und man sollte die beiden Namen niemals neben einander nennen, ohne den Unterschied der beiden Einrichtungen hervorzuheben.

Gewerbeschiedsgerichte sollen entscheiden „Streitigkeiten der selbständigen Gewerbetreibenden mit ihren Gesellen, Gehilfen oder Lehrlingen, die sich auf den Antritt, die Fortsetzung oder Aufhebung des Arbeits- oder Lehrverhältnisses, auf die gegenseitigen Leistungen während der Dauer derselben oder auf den Inhalt der auszustellenden Zeugnisse beziehen". In diesen Angelegenheiten entscheiden die Gewerbeschiedsgerichte statt der Gerichte und ihr Ausspruch hat die Kraft eines Richterspruches.

Einigungsämter (*boards of conciliation*) entscheiden dagegen nicht solche Streitigkeiten, die aus einem eingegangenen Vertrage entsprungen sind, sondern solche Streitigkeiten die den Erfolg haben, dass Arbeiter und Arbeitgeber sich über einen neu einzugehenden Vertrag nicht einigen können. Mit einem Worte: sie legen Aussperrungen oder Arbeitseinstellungen bei.

Jede Aussperrung oder Arbeitseinstellung ist ein kostspieliges Experiment, das sein Ende regelmässig in der Nachgiebigkeit eines der beiden Theile oder in der theilweisen Nachgiebigkeit beider findet. Gewiss ist es wünschenswerth, dass ein so kostspieliges Experiment vermieden wird, und dass die Nachgiebigkeit, welche erfordert wird, eintritt, ehe Unglück über beide Theile verhängt wird. Vom volkswirthschaftlichen und sittlichen Standpunkte ist es wünschenswerth, dass die Einigung der Arbeitseinstellung oder Aussperrung vorbeuge, nicht ihr nachfolge.

Um diese Einigung herbeizuführen, ist die Thätigkeit jedes erfolgreichen Vermittlers willkommen. Als Vermittler kann mit Erfolg Jeder wirken, zu dessen Einsicht und gutem Willen beide streitende Theile Zutrauen haben.

Wo Gewerbeschiedsgerichte eingeführt sind, werden diese mit besonders gutem Erfolge als Vermittler wirken können. Indem Arbeiter und Arbeitgeber sich zu gemeinsamer, regelmässiger richterlichen Thätigkeit vereinigen, erweitert sich ihr Gesichtskreis, schleift sich ihre Einseitigkeit ab, befestigt sich ihr gegenseitiges Zutrauen. Sie werden die Neigung und die Fähigkeit haben, beiden Theilen einleuchtend darzulegen, welches die Folgen der vollzogenen Arbeitseinstellung oder Aussperrung sein werden, und werden sie so vermögen können, es auf einen Versuch nicht ankommen zu lassen.

Bis hierher sind wir entschiedene Anhänger der Einigungsämter; weiter aber darf man nicht gehen. Man kann die Einigungsämter nicht zwangsweise einrichten. Ein Vermittler kann nur dann mit Erfolg wirken, wenn die Parteien ihn aus freien Stücken aufsuchen, nicht wenn sie ihn nachzusuchen gezwungen werden, und deshalb widerwillig zu ihm gehen. Zwingt man die Parteien zum Schiedsrichter zu gehen, so spricht man ein A aus, dessen B lautet, dass sie nun auch gezwungen sind, sich seinem Ausspruche zu fügen. Ein Zwang, einen Vertrag einzugehen, ist ein Widerspruch in sich; der Vertrag ist seinem Begriffe nach der Ausfluss des freien ungezwungenen Willens. Ein Richterspruch, der den Arbeiter zwingt, für einen gewissen Lohn fortzuarbeiten oder der den Arbeitgeber zwingt, für einen gewissen Lohn fortarbeiten zu lassen, ist niemals in Vollzug zu setzen.

Ein Arbeiter, der gezwungen werden soll, für einen Lohn, der nach seiner Ueberzeugung nicht genügt, fortzuarbeiten, wird sehr bald einen wahren oder erfundenen Vorwand finden, um seine Stellung zu verlassen, und eine andere aufzusuchen. Man würde ihn aus einem freien Manne in einen hörigen verwandeln, wenn man ihn zwingen wollte, ein Arbeitsverhältniss länger fortzusetzen, als es ihm beliebt.

Ein Arbeitgeber, der gezwungen werden soll, höhere Löhne zu zahlen, als nach seiner Ueberzeugung die Unternehmung tragen kann, wird sehr bald Vorwände finden, sein Etablissement zu verändern, zu verkleinern, zu veräussern oder ganz eingehen zu lassen. Wollte der Staat ihn zwingen, die Unternehmung fortzusetzen, so müsste er ihm auch die Rohmaterialien zu einem billigen Preise liefern und die Kunden garantiren, kurz der Staat müsste selbst Eigenthümer des Etablissements werden. Der erste gewaltsame Versuch, den man in dieser Richtung machen wollte, würde mit schnellem Bankerott enden.

Grade, weil wir Freunde der Einigungsämter sind, wollen wir die Wurzel derselben, die Freiwilligkeit nicht untergraben, wollen dieselben nicht auf Gesetz, Zwang, Reglement gründen, sondern aus der freien Selbstbestimmung der Betheiligten hervorgehen lassen.

Dies ist unsere Ansicht von der Sache, die auch von anderer Seite schon oftmals aufgestellt, unseres Wissens nie widerlegt ist. Auch diesmal sind wir gefasst darauf, dass die Widerlegung sich darauf beschränken wird, zu sagen, die „Breslauer Zeitung" habe ein „Ketzergericht" über die Einigungsämter gehalten. (Alexander Meyer.)

Anmerkung des Herausgebers. — Der letzte Satz des vorstehenden Artikels des Herrn Meyer bedarf einer Erklärung. Professor Schmoller sagte in seiner Eröffnungsrede der Eisenacher Versammlung bei Charakterisirung der Stellung der sog. deutschen Freihandelsschule zur Arbeiterfrage, über Einigungsämter habe man in der Berliner volkswirthschaftlichen Gesellschaft ein Ketzergericht gehalten. Herr Meyer, welcher Referent in jener Sitzung der volkswirthschaftlichen Gesellschaft war, bezog diese Bezeichnung auf sich und protestirte dagegen in der „Breslauer Zeitung" vom 10. October. Welchen der Redner, die in jener Gesellschaft über die Nützlichkeit der Einigungsämter vom doctrinären Standpunkt aus absprachen, Schmoller bei seiner Bezeichnung jedoch vornehmlich im Auge hatte, ergiebt sich, wenn wir eine andere seiner eisenacher Aeusserungen über Einigungsämter denen des Präsidenten der Berliner volkswirthschaftlichen Gesellschaft in jener Sitzung gegenüberstellen. Herr Prince-Smith äusserte nämlich nach der „National-Zeitung" vom 24. März 1872: „schon in dem Namen „Amt" verrathe sich die Verkennung der Verhältnisse: denn Lohnhöhe, Arbeitszeit, Ordnungsregeln liessen sich nur durch Vereinbarung, nicht durch amtlichen Zwang feststellen", und Professor Schmoller sagte in Eisenach: „So entstanden die englischen *boards of conciliation and arbitration*, Einigungsämter, wie sie Hirsch, Arbeitskammern, wie sie Brentano übersetzt hat, um durch Vermeidung des Wortes „Amt" alle die nicht zu verletzen, denen sich, so oft bei volkswirthschaftlichen Fragen die Worte „Amt", „Beamter", „Staat" erwähnt werden, die Haare sträuben." (Verhandlungen der Eisenacher Versammlung, S. 92).

National-Zeitung No. 536.

Freitag den 15. November 1872.

Berlin, 14. November. Wir sind immer der Ansicht gewesen, dass die Eisenacher Verhandlungen und die sogenannte kathedersozialistische Richtung dadurch ein Verdienst haben, dass sie zu einer Prüfung und Berichtigung hergebrachter volkswirthschaftlicher Anschauungen Anlass geben und dass in praktischen Fragen sich aus den beiden gegenüberstehenden Richtungen ein wesentlich übereinstimmendes Centrum leicht herausentwickeln wird. Eine Bestätigung dieser Ansicht giebt uns das gestrige Morgenblatt des vorzugsweisen Freihändlerblattes, der „Breslauer Zeitung" in einem Leitartikel über Gewerbeschiedsgerichte und Einigungs-Aemter.

In seiner einleitenden Rede zu Eisenach hatte Professor Schmoller die Worte gesprochen: „Ueber Schiedsgerichte und Einigungsämter hielt man ein verwerfendes Ketzergericht in der Berliner volkswirthschaftlichen Gesellschaft". Das hier der Ketzerrichterei beschuldigte Mitglied der „Berliner volkswirthschaftlichen Gesellschaft" hatte sich gegen diesen Vorwurf sehr lebhaft in der „Breslauer Zeitung" vom 10. Oktober vertheidigt und wörtlich gesagt: „Der Vortragende in jener Gesellschaft, — der identisch ist mit dem Verfasser dieser Zeilen, — hat sich auf das Wärmste für Schiedsgerichte ausgesprochen, was er auch in Leitartikeln dieser Zeitung wiederholt gethan. Was Einigungsämter anbelangt, so hat er den Versuch gemacht, in ruhiger und objektiver Weise die Nutzlosigkeit solcher Einrichtung nachzuweisen." Dieser Erklärung gegenüber ist es erfreulich zu sehen, dass der volkswirthschaftliche Leitartikler der „Bresl. Ztg." inzwischen seine Ansichten über Einigungsämter wesentlich berichtigt hat. In dem gestrigen Leitartikel nämlich heisst es:

„Einigungsämter legen mit einem Worte Aussperrungen oder Arbeitseinstellungen bei.

Jede Aussperrung oder Arbeitseinstellung ist ein kostspieliges Experiment, das sein Ende regelmässig in der Nachgiebigkeit eines der beiden Theile oder in der theilweisen Nachgiebigkeit beider findet. Gewiss ist es wünschenswerth, dass ein so kostspieliges Experiment vermieden wird, und dass die Nachgiebigkeit, welche erfordert wird, eintritt, ehe Unglück über beide Theile verhängt wird. Vom volkswirthschaftlichen und sittlichen Standpunkte ist es wünschenswerth, dass die Einigung der Arbeitseinstellung oder Aussperrung vorbeuge, nicht ihr nachfolge.

Um diese Einigung herbeizuführen, ist die Thätigkeit jedes erfolgreichen Vermittlers willkommen. Als Vermittler kann mit Erfolg Jeder wirken, zu dessen Einsicht und gutem Willen beide streitende Theile Zutrauen haben.

Wo Gewerbeschiedsgerichte eingeführt sind, werden diese mit besonders gutem Erfolge als Vermittler wirken können. Indem Arbeiter und Arbeitgeber sich zu gemeinsamer, regelmässiger richterlichen Thätigkeit vereinigen, erweitert sich ihr Gesichtskreis, schleift sich ihre Einseitigkeit ab, befestigt sich ihr gegenseitiges Zutrauen. Sie werden die Neigung und die Fähigkeit haben, beiden Theilen einleuchtend darzulegen, welches die Folgen der vollzogenen Arbeitseinstellung oder Aussperrung sein werden, und werden sie so vermögen können, es auf einen Versuch nicht ankommen zu lassen.

Bis hierher sind wir entschiedene Anhänger der Einigungsämter; weiter aber darf man nicht gehen.

Man kann die Einigungsämter nicht zwangsweise einrichten. Ein Vermittler kann nur dann mit Erfolg wirken, wenn die Parteien ihn aus freien Stücken aufsuchen, nicht wenn sie ihn nachzusuchen gezwungen werden und deshalb widerwillig zu ihm gehen."

Während also der Leitartikler am 10. Oktober die Einigungsämter als eine „nutzlose Einrichtung" bezeichnet, ist er am 13. November „ein entschiedener Anhänger der Einigungsämter". Er stimmt jetzt also vollständig mit dem am 10. Oktober so hart von ihm angegriffenen Professor Schmoller überein, der ebensowenig „zwangsweise Einrichtung der Einigungsämter" befürwortet, vielmehr in Eisenach beantragt hatte, die „Versammlung möge beschliessen, es sei wünschenswerth, dass überall, wo häufigere Streitigkeiten vorkommen, derartige Kammern (d. h. Einigungsämter) freiwillig organisirt werden, und sich ihnen möglichst die Gesammtheit der Unternehmer einerseits, und die Gesammtheit der Arbeiter andererseits unterwerfe, sowie dass ein besonderes Gesetz derartigen Kammern, die gewisse allgemeine Bedingungen erfüllen, die nothwendigen Befugnisse (Zeugen vorzuladen etc.) ertheile und ihre Entscheidungen durchführbar mache." Ebenso aber spricht sich auch Brentano (Arbeitergilden, Band II. S. 283. 304) im Wesentlichen für freiwillige Einigungsämter und insbesondere für den die Freiwilligkeit festhaltenden Kettle'schen Gesetzentwurf aus.

Wir haben geglaubt, diese sachliche Uebereinstimmung über eine von freihändlerischer Seite vor Kurzem noch meist mit grosser Missgunst angesehene Institution besonders hervorheben zu sollen, um daran zu zeigen, wie unnütz das persönliche Gezänk und wie unbegründet das hochmüthige Herabsehen auf die akademische Volkswirthschaft ist, welches auch jetzt noch vielfach fortgesetzt wird.

Breslauer Zeitung No. 540.

Sonntag den 17. November 1872.

NOCH EINMAL DIE EINIGUNGSÄMTER.

Im verflossenen Winter wurde in der volkswirthschaftlichen Gesellschaft zu Berlin ein Abend dem Thema der „Gewerbeschiedsgerichte und Einigungsämter" gewidmet; ich hielt den einleitenden Vortrag, der allseitig Zustimmung fand. Herr Professor Schmoller gedachte auf dem Eisenacher Congresse in seinen einleitenden Worten dieses Abends mit der Bemerkung: „in der volkswirthschaftlichen Gesellschaft zu Berlin sei über Gewerbeschiedsgerichte und Einigungsämter ein Ketzergericht gehalten worden."
Der von mir verfasste Leitartikel in der „Breslauer Zeitung" vom 13. November giebt den Gedankengang und die Conclusionen meines damals gehaltenen Vortrages auf das Genaueste wieder; er schliesst sich den damals über die Sitzung erstatteten Berichten vollständig an. Ich war daher darauf gefasst, und deutete es am Schlusse des Leitartikels an, dass man auch in diesem Artikel ein „Ketzergericht" finden werde. Zu meinem Erstaunen folgert aber die „National-Zeitung", ich „stimme jetzt vollständig mit dem früher hart von mir angegriffenen Professor Schmoller überein". Dieses Urtheil der „National-Zeitung" beweist, dass Herr Professor Schmoller sich übereilt hat, als er ein „Ketzergericht" in Ausführungen gefunden hat, die mit den seinigen — wenn auch irrthümlich — verwechselt werden.

Zwischen meinen Ansichten und denen der Herren Brentano und Schmoller ist ein erheblicher Unterschied. Ich habe von Herrn Professor Schmoller Manches gelernt; sein im Jahre 1865 in den „Preussischen Jahrbüchern" enthaltener Aufsatz über die Arbeiterfrage enthält im Wesentlichen das, was ich noch heute über diese Frage denke und bekenne; ich würde mich freuen, wenn mir. in Zukunft Gelegenheit gegeben werden würde, noch mehr von ihm zu lernen. Bei der Discussion über die Einigungsämter hat sich aber diese Gelegenheit noch nicht gefunden; vielmehr musste ich in meinem Leitartikel vom 13. November das aufrecht erhalten, was ich im Gegensatz zu Herrn Schmoller schon im vorigen Winter ausgesprochen.

Um dem irre geleiteten Verständniss der „National-Zeitung" zu Hilfe zu kommen, hebe ich noch einmal den Unterschied der beiderseitigen Auffassung hervor. Ich halte Einigungsämter für eine nutzlose Einrichtung, sofern sie ein ständiges Institut sind, sofern sie auf einem Gesetz oder Reglement beruhen. Dagegen verspreche ich mir von denselben Nutzen, sofern für einen gegebenen Streitfall beide Parteien einen für diesen einzelnen Fall von ihnen ausgewählten Vermittler um seine guten Dienste angehen. Ein Vermittler wird ein leichtes Spiel haben, wenn beide Parteien sich an ihn wenden, weil sie im Augenblicke Zutrauen zu ihm haben. Ein Vermittler wird Nichts ausrichten können, wenn beide Parteien oder auch nur Eine derselben widerwillig an ihn herantritt, wenn sie sich nur gezwungen an ihn wenden, mag auch der Zwang auf ihrem früheren freien Willen, der jetzt ein gebundener geworden ist, beruhen. Einem Schiedsrichter, der ein Urtheil über erworbene Rechte fällen soll, kann man sich unterwerfen. Einem Vermittler, der neue Vertragsverhältnisse begründen soll, kann man sich nicht unterwerfen, sondern nur seine guten Dienste in Anspruch nehmen. In der hohen Politik ist uns der Unterschied zwischen einem Schiedsspruch und guten Diensten ganz geläufig; er hat auch in den Verhältnissen des bürgerlichen Lebens seine Bedeutung.

Nun meine ich, ein Gewerbeschiedsgericht, welches als Gerichtshof, als Spruchrichter über streitige Rechtsansprüche ein ständiges Institut sei, werde sehr geeignet sein, seine guten Dienste anzubieten und angenommen zu sehen auch in solchen Dingen, die nicht streitige Fragen über erworbene Rechte, sondern über neu zu begründende Rechtsverhältnisse betreffen.

Bis hierher, erklärte der Leitartikel vom 13. November, sei ich mit der Idee der Einigungsämter einverstanden. Dies „bis hierher" hat die „Nationalzeitung" nicht recht gewürdigt, wenn sie mich, im Widerspruch mit diesen Worten, schlechthin „zu einem entschiedenen Anhänger der Einigungsämter" macht. Ich halte es nicht für gut, dass sich die Parteien im Voraus einem Vermittler unterwerfen, sondern nur, dass sie im Augenblicke der eintretenden Differenz seine guten Dienste in Anspruch nehmen. Die Thätigkeit des Vermittlers wird eine fruchtlose bleiben, wenn die Parteien nicht durch ihr Vertrauen, sondern durch einen juristischen Zwang, gründe sich auch derselbe auf einen früheren Vertrag der Partei selbst, zu ihm geführt werden. Jede Partei wird in dem Vermittler, zu dem sie gezwungen geht, einen Anwalt der Gegenpartei erblicken und ihm mit Misstrauen gegenübertreten.

Richtet man die Einigungsämter als eine stehende Institution ein, so wird man immer verleitet, den Schiedsrichter mit Zwangsrechten zur Durchführung seiner Entscheidung auszustatten, und die Nachtheile, die hiermit verbunden sind, habe ich in dem Artikel vom 13. November bereits dargelegt.

Man mag diesen Ausführungen zustimmen, oder sie bestreiten, man wird nicht in Abrede stellen dürfen, dass sie, gleich den Artikeln über Strafbarkeit des Contractbruchs, über die gewerblichen Hilfskassen u. s. w., von dem Bestreben dictirt sind, die schwebenden Streitfragen sachlich zu fördern, und es wäre uns sehr willkommen, wenn sich die „Nationalzeitung" bald bei dem gleichen Bestreben betreffen liesse.

Alexander Meyer.

National-Zeitung Nr. 544.
Mittwoch den 20. November 1872.

Berlin, 19. November. „Noch einmal die Einigungsämter", so ist ein Artikel überschrieben, welchen Herr Alexander Meyer in der vorgestrigen „Breslauer Zeitung" an unsere Adresse richtet, um uns zu sachlicher Besprechung seiner Behauptung aufzufordern. Wohlan, es sei! Doch können wir nicht ganz kurz sein, namentlich weil Herr Meyer etwas Anderes unter Einigungsämtern versteht, als andere Menschen. Indess dürfen wir um so mehr hoffen, dass unsere Auseinandersetzung vielleicht auch für weitere Kreise nicht nutzlos ist, wenn selbst ein so ausgezeichneter Volkswirth wie Herr Alexander Meyer ungewöhnliche Vorstellungen von Einigungsämtern hat. Als im Jahre 1860 das durch Arbeitseinstellungen arg zerrüttete Nottingham von einer neuen Arbeitseinstellung heimgesucht wurde, machte der Fabrikant Mundella den Vorschlag, man möge es einmal versuchen, ob man nicht auf gütlichem Wege zu einem Austrage des zwischen den Fabrikanten und Arbeitern herrschenden Zwistes gelangen könne. Nach längeren Verhandlungen trat endlich eine gleiche Anzahl von Arbeitern und Fabrikanten zusammen und man einigte sich nicht bloss über den zur Zeit vorliegenden Streitfall, sondern da man erfahren hatte, wie schwer eine Einigung sei, wenn die Gemüther durch den konkreten Fall bereits erhitzt seien, kam man überein, ein dauerndes *board of conciliation* zu bilden, welches von Zeit zu Zeit alle das Verhältniss zwischen Arbeitgebern und Arbeitern betreffende Angelegenheiten für eine bestimmte Periode vereinbaren sollte, um der Entstehung jeglicher Streitigkeit vorzubeugen. Kurze Zeit darauf ging aus einem Streite der Baugewerbe zu Wolverhampton eine ähnliche Einrichtung hervor, die sich nur dadurch von der zu Nottingham unterschied, dass, während in Nottingham bei Stimmengleichheit der jeweilige Vorsitzende die entscheidende Stimme abgab, in Wolverhampton ein Unparteiischer, der zugleich als Präsident zu fungiren hatte, bei Stimmengleichheit den Ausschlag geben sollte. Ferner unterscheidet sich das System Mundella's von dem andern durch den Richter Kettle verwirklichten dadurch, dass die nach dem Kettle'schen System gegebenen Entscheide gerichtlich vollstreckbar sind, die nach dem System von Nottingham dagegen nicht.

Diese *Boards of conciliation* hat man in Deutschland mit „Einigungsämter" übersetzt und, wenn man an ihre Nachahmung denkt, so dreht sich die Erörterung einerseits darum, ob man den Entscheiden solcher Einigungsämter die gerichtliche Vollstreckbarkeit wünschen soll oder nicht, andererseits darum, ob die Bildung solcher Aemter durchaus von dem freien Willen der Parteien abhängen oder ob der Staat ihre Herbeiführung unterstützen soll. In der Berliner volkswirthschaftlichen Gesellschaft hatte Herr A. Meyer die Einigungsämter als „völlig nutzlose" bezeichnet, dabei rein *a priori* deducirend. In einem Leitartikel der „Breslauer Zeitung" vom 13. d. M. dagegen hatte er sich für einen „entschiedenen Anhänger der Einigungsämter" erklärt, soweit dieselben freiwillige seien. In Erinnerung an die mehrfach von Herrn Meyer in seinem Breslauer Organ abgegebene Versicherung, dass er gerne von seinen Gegnern lernen wolle, hatten wir in unserm Blatt vom 15. d. M. die Ansicht ausgesprochen, dass Herr Meyer also seine Ansichten über

Einigungsämter geändert habe. Dagegen belehrt uns nun vorgestern Herr Meyer, dass wir „irregeleitet" seien. Wenn er sich als „entschiedener Anhänger der Einigungsämter" erklärt habe, so komme dies nur daher, dass er unter Einigungsämtern nur „Vermittler für einen gegebenen Streitfall" verstehe. Indem er so mit „Einigungsämtern" etwas Anderes bezeichnet, als nach den vorstehenden historischen Angaben zu rechtfertigen ist und als alle andere Menschen bezeichnen, hat er uns, wie wir zugeben, in der That „irregeleitet". Die Schuld trifft aber nicht uns, da wir den allgemein rezipirten Sprachgebrauch auch bei Herrn Meyer voraussetzen durften. Doch gehen wir nun sachlich auf die Behauptungen des Herrn Meyer gegen die Einigungsämter im Sinne des herrschenden Sprachgebrauchs ein. Sie sind wiederum lediglich *a priori* aufgestellt; wir wollen aber unsererseits mit historischen Thatsachen und Erfahrungen antworten.

Herr Meyer sagt erstens:
Ich halte Einigungsämter für eine nutzlose Einrichtung, sofern sie ein ständiges Institut sind, sofern sie auf einem Gesetz oder Reglement beruhen. Dagegen verspreche ich mir von denselben Nutzen, sofern für einen gegebenen Streitfall beide Parteien einen für diesen einzelnen Fall von ihnen ausgewählten Vermittler um seine guten Dienste angehen. Ein Vermittler wird ein leichtes Spiel haben, wenn beide Parteien sich an ihn wenden, weil sie im Augenblicke Zutrauen zu ihm haben. Dagegen wird die Thätigkeit des Vermittlers eine fruchtlose bleiben,

wenn die Parteien nicht durch ihr Vertrauen, sondern durch einen juristischen Zwang, gründe sich auch derselbe auf einen früheren Vertrag der Partei selbst, zu ihm geführt werden. Wir erwidern hierauf, dass nach den in England gemachten Erfahrungen die Vermittelungsversuche von Vermittlern, die erst zur Schlichtung eines gegebenen Streitfalles angegangen wurden, regelmässig fehlschlugen. So z. B. die ersten Vermittelungsversuche des Lord Lichfield bei der grossen Arbeitseinstellung im Eisengewerbe von Staffordshire um die Mitte der sechsziger Jahre, ebenso die Vermittelungsversuche zu Anfang des Strikes der Maschinenbauer zu Newcastle im Jahre 1871. Und dies ist begreiflich. Ist der Streit erst ausgebrochen, so sind die Leidenschaften erhitzt. Jeder Theil glaubt Recht zu haben und des Sieges gewiss zu sein und Nachgeben tritt erst ein, wenn schwere Verluste die Geister ernüchtert haben. Anders bei Einigungsämtern, die nicht über gegenwärtige Streitigkeiten *in concreto* entscheiden, sondern solchen vorbeugen, indem die Parteien periodisch zusammenkommen, um sich für eine bestimmte Zeitdauer über die Vertragsbedingungen zu vereinigen. Auch bei dieser Vereinbarung giebt es zwar stets Verschiedenheit der Meinungen und hin und wieder sogar recht exorbitante Anschauungen. „Allein", wie' der Fabrikant Mundella sagt (Brentano, Arbeitergilden II., 289), „ein wenig Geduld und etwas Argumentation zeigt das Irrthümliche dieser Anschauungen, und es ist leichter, über einen Tisch hin zu antworten und zu verhandeln, als in der Erregtheit einer Arbeitseinstellung, wenn die Maschinen stille stehen und die Weiber und Kinder hungern."

Ferner aber: weit entfernt, dass, wie Herr Meyer glaubt, ein beim Ausbruch des Streites gewählter Vermittler es leicht haben wird, Frieden zu stiften, wird im Gegentheil ein beiden Theilen genehmer Vermittler im gegebenen Augenblick überhaupt gar nicht zu finden sein. Ist der Streit da, so ist oder gilt Jedermann als präokkupirt für die eine oder andere Partei, und jede Partei wird einen ihr geneigten Vermittler wählen wollen, weshalb die Einigung äusserst schwer gelingen wird. Wir berufen uns auch hier wieder auf Erfahrungen, statt auf Deduktionen *a priori*. Der Grafschaftsrichter Kettle sagt (Brentano II, 283): „Eine Maxime bezüglich der Ernennung des Schiedsmanns halte ich für sehr wesentlich: nämlich, dass derselbe ernannt werde, bevor ein Streit entbrannt ist. Es sind schon bedeutende Schwierigkeiten und grosse Erregtheit der Gefühle daraus entstanden, wenn die Statuten eines Einigungsamtes bestimmten, dass erst bei Stimmengleichheit ein Schiedsmann und Unparteiischer gewählt werden sollte. Der beste Plan ist, den Schiedsmann periodisch zu wählen." Ist jene von Kettle anerkannte Schwierigkeit aber für ein bereits bestehendes Einigungsamt schon vorhanden — wie viel grösser würde sie sein für zwei Lager, die durch das Bestehen eines Einigungsamtes noch nicht an Verkehr mit einander gewöhnt sind? Viel leichter wird es dagegen in ruhigen, friedlichen Zeiten sein, einen beiderseits genehmen Vertrauensmann zu finden, und viel eher wird ein in ruhiger Zeit gewählter Vertrauensmann das Vertrauen auch nach ausgebrochenem Streit noch geniessen. Herr A. Meyer hat nun einen solchen Vermittler bereit in den von ihm befürworteten und von den Einigungsämtern wohl zu unterscheidenden Gewerbeschiedsgerichten. Er sagt nämlich zweitens: Nun meine ich, ein Gewerbeschiedsgericht, welches als Gerichtshof, als Spruchrichter über streitige Rechtsansprüche ein ständiges Institut sei, werde sehr geeignet sein, seine guten Dienste anzubieten und angenommen zu sehen auch in solchen Dingen, die nicht streitige Fragen über erworbene Rechte, sondern über neu zu begründende Rechtsverhältnisse betreffen. Das Urtheil über diese Meinung hängt natürlich von der Zusammensetzung des Gewerbeschiedsgerichtes ab, davon, ob es vermöge derselben das Vertrauen beider Theile geniesst. Da Herr Meyer indess der Ansicht zu sein scheint, dass die ständigen Gewerbeschiedsgerichte stets vortreffliche Vermittler sein dürften, also im Voraus bereits feststehende Vermittler, denen man sich in jedem einzelnen Streitfall durch erneutes Vertrauen unterwirft, so ist die Differenz zwischen ihm und den Vertheidigern der Einigungsämter nur die, ob durch periodische Regelung der Parteiverhältnisse den Streitigkeiten vorgebeugt, oder ob das Entstehen von Streitigkeiten abgewartet und dann erst vermittelt werden soll. Unsere oben dem ersten Punkte entgegengestellten Ausführungen sprechen für die erste Alternative.

Endlich drittens sagt Herr Meyer: Einem Schiedsrichter, der ein Urtheil über erworbene Rechte fällen soll, kann man sich unterwerfen. Einem Vermittler, der neue Vertragsverhältnisse begründen soll, kann man sich nicht unterwerfen, sondern nur seine guten Dienste in Anspruch nehmen.

Diese hier behauptungsweise aufgeworfene Frage zerfällt in zwei Fragen: einmal nämlich, ob ein Dritter im Stande ist, nach eingehender Prüfung in Streitigkeiten zwischen Arbeitern und Arbeitgebern über künftige Vertragsbedingungen das objektiv Richtige festzustellen, und sodann, ob die Parteien gezwungen werden sollen, sich dieser Feststellung zu unterwerfen. Die erstere Frage haben die englischen Erfahrungen bis jetzt bejaht und Brentano hat in dem für diese ganze Frage das Material liefernden mehrfach angeführten Buch diese empirische Bejahung (II. S. 284 u. ff.) auch theoretisch begründet. Die zweite Frage ist in obenbemerkter Weise kontrovers, aber bis jetzt unpraktisch geblieben, weil bis jetzt alle Parteien gutwillig dem Ausspruch des Einigungsamtes sich fügten. Man kann also unseres Erachtens jedenfalls davon absehen, sich über diese Frage schon jetzt den Kopf zu zerbrechen.

Wir sind hiermit auf alle „sachlichen" Argumente des Herrn Alexander Meyer eingegangen, mehr als es für gewöhnlich unsere Zeit, sowie die Aufgabe und der Umfang einer politischen Zeitung erlaubt. Dafür hoffen wir nun aber auch, dass wenn Herr Meyer sich wieder mit Einigungsämtern beschäftigt, er sich nicht an Wiederholung seiner aprioristischen Behauptungen aus der Berliner volkswirthschaftlichen Gesellschaft genügen lässt, sondern auch die von der Gegenseite aufgestellten Argumente und zu Rathe gezogenen Erfahrungen berücksichtigt. Jene Behauptungen können die Streitfrage sachlich nicht fördern, auch wenn sie von einer noch so glänzenden Feder und noch so oft wiederholt werden.

Breslauer Zeitung No. 550.
Sonnabend den 23. November 1872.

DIE EINIGUNGSÄMTER IN ENGLAND.

Gegenüber den aprioristischen Ausführungen, durch welche wir die Nutzlosigkeit der Schieds- und Sühne-Aemter darzulegen versucht haben, beruft man sich auf die Erfahrungen in England. Nun, aus den englischen Erfahrungen wollen wir zuvörderst einmal ein Beispiel anführen, und damit unsre Leser uns glauben, dass wir unbefangen berichten, entlehnen wir dies Beispiel dem warmen Fürsprecher der englischen Einigungsämter, dem Herrn Brentano. Derselbe erzählt, — und zwar entlehnt er seine Erzählung einer Schilderung des Mr. Mundella, des Stifters der Einigungsämter — derselbe erzählt von einer vor dem

Schiedsgericht anhängig gemachten Streitigkeit, die folgenden Verlauf nahm:

„Das Wünschenswerthe der Erhöhung wurde sofort zugestanden, vorausgesetzt, dass die Concurrenz sie gestatte. Allein die Arbeiter wurden versichert, dass dies nicht der Fall sei; und damit sie sich dessen vergewissern könnten, wurden zwei nach Frankreich und einer nach Deutschland geschickt, um die dort vorherrschenden Sätze kennen zu lernen. Die Folge dieser Nachforschung war, dass die Delegirten dieses Zweigs sich damit einverstanden erklärten, dass der bestehende Lohnsatz bis auf Weiteres beibehalten werde."

Die Geschichte ist an sich sehr hübsch, aber reizend ist die Naivität, mit welcher sie vorgetragen wird. Die Schiedsrichter können sich nicht vereinigen, in Folge dessen schicken die reicheren Schiedsrichter, die Vertreter der Fabrikanten, ihre ärmeren Collegen auf Reisen, vielleicht auf ihre eigenen Kosten, jedenfalls aber, ohne dass den Abgesandten Kosten daraus erwachsen. Wer nur ein wenig die Kunst versteht, zwischen den Zeilen zu lesen, wird sich keinen Illusionen darüber hingeben, wie es mit der Unbefangenheit der Schiedsrichter im obigen Falle gestanden hat.

In anderen Fällen, in denen der Schiedspruch zu Gunsten der Arbeiter ausgefallen ist, nahm man an, dass die Unternehmer von vornherein von der Nothwendigkeit der Lohnerhöhung überzeugt waren und nach einer schönen Form suchten, diesen Schritt zu thun. Selbstverständlich ist der Ruf grosser Nachgiebigkeit dadurch zu gewinnen, dass man sich von einem vereinbarten Vermittler einen Schritt vorschlagen lässt, den zu thun man ohnehin entschlossen ist.

Diese Beispiele zeigen, wie schwer es ist, an der Hand der Erfahrung sich ein Urtheil über den Nutzen dieser Institution zu bilden, wenn die Kritik nicht damit Hand in Hand geht. Empirisch und statistisch lässt sich feststellen, in wie vielen Streitfällen die Schiedsgerichte angerufen worden sind, und in wie vielen Fällen ihre Anrufung von einem scheinbaren Erfolge gekrönt war. In dieser Hinsicht ist nun zu bemerken, dass die Einigungsämter in England keineswegs eine sehr verbreitete Einrichtung sind, und dass Arbeitseinstellungen dort noch immer auf der Tagesordnung stehen.

Ob aber der Erfolg des Schiedsspruches mehr als ein scheinbarer gewesen, ob er vernunftgemäss und in Folge dessen von dauernder Wirkung war, entzieht sich der empirischen Feststellung ganz und gar. Veranschaulichen wir uns einmal die Verhältnisse, wie sie bei der Arbeitseinstellung in der Pflug'schen Fabrik zu Berlin gelegen haben, und nehmen wir an, der Fall wäre einem Einigungsamt nach englischem Muster vorgelegt worden. Die Fabrikbesitzer behaupteten, den Lohn nicht erhöhen zu können, ohne die Rentabilität der Fabrik zu gefährden; die Arbeiter behaupteten, bei den bestehenden Löhnen nicht existiren zu können. Der Schiedspruch konnte zu Gunsten der Arbeiter oder zu Gunsten der Arbeitgeber ausfallen; wir nehmen an, beide Theile hätten sich von vornherein anheischig gemacht, sich dem Spruch zu unterwerfen. Fiel nun der Spruch zu Gunsten der Arbeitgeber aus, so würden die Arbeiter zwar die Arbeit wieder aufgenommen haben, aber jeder Einzelne würde Gelegenheit gesucht haben, ein besseres Unterkommen zu finden, und sobald er das gefunden, konnte man seinem Ausscheiden keine Hindernisse in den Weg legen. Fiel der Spruch zu Gunsten der Arbeiter aus, so würden die Arbeitgeber sich demselben haben fügen müssen; sie würden aber ihren Auftraggebern höhere Preise berechnet haben und da in Folge dessen bei der obwaltenden Concurrenz die Aufträge ein schnelles Ende erreicht haben würden, so wäre der Anlass nahegelegt gewesen, das ganze Unternehmen zu liquidiren, was ja bei dem hohen Preise der im Besitz desselben befindlichen Grundstücke mit Vortheil hätte geschehen können. Logische Folgerungen dieser Art lassen sich durch keine Erfahrungen aus englischen Zuständen umstossen.

Was nun übrigens die englischen Zustände anbetrifft, so wäre es wünschenswerth, über dieselben doch noch genauer unterrichtet zu werden. Die Darstellung des Herrn Brentano ist eine sehr fleissige, aber doch eine tendenziöse. Der Verfasser macht kein Hehl daraus, dass er sich seine Informationen fast ausschliesslich von derjenigen Seite geholt, auf welcher er mit seinen Sympathien steht. Und seine theoretischen Deductionen laufen, wie wir dies bereits früher nachgewiesen haben, darauf hinaus, jede Freiheit aus dem Arbeitsvertrage zu verbannen.

Die „Nat.-Ztg." hat, wie ich gern anerkenne, auf die Ausführungen in dem Leitartikel vom 17. in sachlicher Weise geantwortet und die obigen Ausführungen sind, unter Vermeidung der polemischen Form eine Erwiderung auf ihre Darlegungen. Die „Nat.-Ztg." versucht gelegentlich, die Lacher auf ihre Seite zu bringen, indem sie mich mit ironischen Lobeserhebungen bedeckt. Da ich die Prädikate, die sie mir beilegt, nie in Anspruch genommen habe, trifft mich die Ironie nicht. Dass „bedeutende" Kräfte in der Publicistik und „glänzende Federn" ganz und gar von der hauptstädtischen Presse mit Beschlag belegt werden und in der Provinzialpresse nur die bescheideneren Kräfte sich versuchen, liegt in der Natur der Sache.

Daraus, dass ich in dem Artikel vom 13. November das Wort „Einigungsämter" in einem anderen, als in dem gewöhnlichen Sinne gebraucht, macht mir die „Nat.-Ztg." einen Vorwurf; ich hatte aber ganz genau angegeben, in welchem Sinne ich das Wort gebrauchte, und konnte also wohl den Anspruch erheben, nicht missverstanden zu werden. A. M.

Breslauer Zeitung No. 556.
Mittwoch den 27. November 1872.

ZU DEN EINIGUNGSÄMTERN

erhalten wir von Herrn Professor Dr. L. Brentano folgende Zuschrift:

Sehr geehrter Herr! Die Wichtigkeit der Frage von den Einigungsämtern für die künftige Gestaltung der deutschen Arbeitsverhältnisse bestimmt mich, Sie um Aufnahme der folgenden Gegenbemerkungen gegen den Leitartikel Ihrer Zeitung vom 23. November zu bitten. Ich bin gewohnt, Angriffe, die mich allein betreffen, zur Seite zu legen. In dem vorliegenden Falle fürchte ich, dass sich irrige Anschauungen über ein Institut, das in England so segensreich gewirkt hat, im Publikum festsetzen.

Herr Alexander Meyer unterzieht in der „Breslauer Zeitung" vom 23. Novbr. den Werth der zu Gunsten der Einigungsämter von mir angeführten englischen Erfahrungen einer Untersuchung. Um dem Leser ein Beispiel dieser Erfahrungen zu geben, führt er eine Stelle an aus einem Vortrage, welchen der Fabrikant Mundella auf Anregung und unter grossem Beifall der Handelskammer zu Bradford am 5. Februar 1868 ebendaselbst hielt und den ich im zweiten Bande meiner „Arbeitergilden der Gegenwart" citire. In dieser Stelle wird gesagt, dass das Einigungsamt zu Nottingham, um den Arbeitern zu beweisen, dass die ausländische

Concurrenz keine Erhöhung der Löhne gestatte, Delegirte der Arbeiter nach dem concurrirenden Frankreich und Deutschland gesendet habe, und dass als Resultat ihrer Nachforschung die Delegirten sich damit einverstanden erklärten, dass der bestehende Lohnsatz bis auf Weiteres beibehalten werde. Allein wer zwischen den Zeilen zu lesen versteht, bemerkt hierzu Herr A. Meyer, weiss, wie es mit der Unbefangenheit der Schiedsrichter gestanden hat, die auf diese Weise in die Lage kamen, auf fremde Kosten eine Reise nach dem Continent zu machen.

Fürs Erste habe ich hierauf zu entgegnen, dass, wenn die Arbeiter-Delegirten auch selbstverständlich nicht auf eigene Kosten diese Reise unternahmen, sie dies doch auch nicht auf Kosten der „reicheren Schiedsrichter, der Vertreter der Fabrikanten", thaten. §. 10 der Statuten des Nottinghamer Einigungsamtes sagt: „Alle Kosten, welche das Einigungsamt verursacht, werden zu gleichen Theilen von Arbeitern und Arbeitgebern getragen."

Sodann möchte ich dem Leser die Entscheidung überlassen, ob es gestattet ist, mit Herrn Meyer zwischen den Zeilen der angeführten Angabe Mundella's zu lesen. Für mich, der ich Herrn Mundella persönlich zu kennen die Ehre habe, ist die Verneinung dieser Frage selbstverständlich. Aber der Leser wird auch ohne solche Bekanntschaft die Frage in gleicher Weise beantworten, wenn er die Stelle in ihrem Zusammenhange betrachtet. Mundella sagt nämlich in seinem Vortrage: „Eines der augenscheinlichsten Resultate des Austausches von Gedanken und Meinungen (wie er in dem Einigungsamt zwischen Arbeitgebern und Arbeitern stattfindet) ist das, dass der Arbeiter besser vertraut wird mit den Gesetzen, welche die Industrie und den Handel beherrschen, und mit der Bedeutung der ausländischen Concurrenz, und dass der Arbeitgeber lernt, die Schwierigkeiten des Arbeiters zu würdigen und mit seinen Beschwerden und Kämpfen, um seine Lage zu bessern, zu sympathisiren." Er führt sodann Beispiele an, wie das Einigungsamt nach Anhörung von Beschwerden von Arbeitern über ihre Arbeitgeber zum Nachtheile dieser sich aussprach; und hierauf zeigt er, wie den Arbeitern in einzelnen Fällen die Unmöglichkeit klar gemacht wurde, die von ihnen geforderte Lohnerhöhung zu bewilligen. Mitunter, sagt er, hörten sie von in das Einigungsamt neu eingetretenen Arbeitern Argumentationen wie die, dass es den Arbeitgebern kein Schaden, den Arbeitern aber ein grosser Gewinn wäre, wenn der Lohn für das Dutzend Strümpfe um einen Schilling erhöht würde. Es wurden dann die concurrirenden französischen und deutschen Waaren auf den Tisch gesetzt — (so dass die Arbeiter die Qualität derselben beurtheilen können) — ihr Preis angegeben und so gezeigt, dass die geforderte Lohnerhöhung zur Folge haben würde, dass die Arbeiter die Nachfrage nach ihrer Arbeit gänzlich verlören; und um den Delegirten zu beweisen, dass die Angaben über die Sätze der concurrirenden ausländischen Produkte nicht erfunden seien, habe man einmal eine Anzahl von ihnen auf den Continent geschickt, um sich von der Richtigkeit dieser Angaben zu überzeugen. Nun erklärt Herr Meyer, diese Reise habe den Delegirten die nöthige Unbefangenheit benommen. Aber welche Unbefangenheit? Die Unbefangenheit bei Beantwortung der Frage, ob die Concurrenzfähigkeit der englischen Industrie die Lohnerhöhung gestatte? Diese Frage hatten die Abgesandten gar nicht zu beantworten. Sie hatten zu beantworten, ob in Frankreich und Deutschland die Sätze der vorgezeigten Waaren wirklich die seien, welche die Arbeitgeber angegeben hatten, und darüber ihren Collegen zu berichten. Diese Frage ist rein thatsächlichen Inhalts. Weder persönliche Befangenheit noch Unbefangenheit kann bei Beantwortung derselben von Einfluss sein. Es müsste denn sein, Herr Meyer würde behaupten, die abgesandten Arbeiter seien bestochen worden, direct zu lügen. Sollte diese Behauptung jedoch Beachtung beanspruchen, so müsste er sie beweisen.

Herr Alexander Meyer sagt ferner: „In anderen Fällen, in denen der Schiedsspruch zu Gunsten der Arbeiter ausgefallen ist, nahm man an, dass die Unternehmer von vornherein von der Nothwendigkeit der Lohnerhöhung überzeugt waren und nach einer schönen Form suchten, diesen Schritt zu thun." Ich weiss nun nicht, wen Herr Meyer unter dem „man" hier versteht. Ebenso wenig weiss ich, auf welche Originalquellen Herr Meyer diese Angabe stützt. Auch habe ich bei andern deutschen Schriftstellern eine ähnliche Aeusserung über die englischen Einigungsämter nur bei Herrn Dannenberg in seiner Schrift über „Das deutsche Handwerk" (S. 131) gefunden; allein auch Herr Dannenberg bleibt die Belege für ihre Richtigkeit schuldig, und seine absolut falsche Behauptung: der Versuch, durch Gründung von Einigungsämtern eine Annäherung zwischen beiden Parteien herbeizuführen, sei auch in England von Nichtfachleuten gemacht worden, während die Arbeitgeber und Lohnarbeiter sich sehr kühl dagegen verhielten, zeigt, dass er über die englischen Einigungsämter völlig irrig unterrichtet ist. Dagegen glaube ich, die gesammte englische Literatur über Einigungsämter durchstudirt zu haben. Noch in diesem Frühjahre machte ich eine Reise nach England zu dem ausschliesslichen Zwecke, um mich vor Erscheinen meines zweiten Bandes mit allen Erfahrungen, die man seit meinem Aufenthalte daselbst in den Jahren 1868/69 bezüglich der Einigungsämter gemacht, sowie mit allen seitdem in England über diesen Gegenstand erschienenen Schriften bekannt zu machen. Ich habe in keiner einzigen englischen Quelle eine derartige Angabe gefunden, von keinem einzigen Engländer eine derartige Angabe gehört und würde Herrn Meyer zu grossem Danke verpflichtet sein, wenn er mich auf die Belege für diese Angabe aufmerksam machen wollte.

Mir scheint nach dem Angeführten die Bedeutung der englischen Erfahrungen über den Nutzen der Einigungsämter durch die Ausführungen des Herrn

A. Meyer noch in keinem Punkte entkräftet zu sein. Empirisch und statistisch ist ferner festgestellt, dass die Einigungsämter in allen Fällen, in denen sie ins Leben traten, erfolgreich waren, zwei Fälle ausgenommen, welche ich in meinem Buche namhaft machte. Und endlich ist es irreführend zu sagen, „dass die Einigungsämter in England keineswegs eine sehr verbreitete Einrichtung" seien. Für die kurze Zeit seit Beginn der Agitation für Einführung derselben (1868) ist die Zahl der Orte und Gewerbe, an und in denen Einigungsämter bestehen, nach dem Zeugnisse Mundella's und Kettle's eine sehr beträchtliche. „Selten vergeht eine Woche", sagt der Grafschaftsrichter Kettle, „dass nicht Bitten um Unterweisungen an mich gerichtet werden hinsichtlich der Errichtung von Einigungsämtern in einem neuen Districte oder in einem neuen Gewerbe". Dass in der Mehrzahl der Gewerbe noch keine Einigungsämter bestehen, ist selbstverständlich, wenn man bedenkt, dass für jedes einzelne Gewerbe an jedem einzelnen Orte ein besonderes Einigungsamt errichtet werden muss. Wie kann man ferner daraus, dass Arbeitseinstellungen stattfinden, wo keine Einigungsämter bestehen, die „Nutzlosigkeit" der Letzteren ableiten wollen! Soll diese Nutzlosigkeit bewiesen werden, so ist es nöthig zu zeigen, dass Arbeitseinstellungen in Gewerben und an Orten vorkamen, in und an denen Einigungsämter bestanden!

Aber, wird nun der Leser ausrufen, Herr A. Meyer hat uns gesagt, dass die Angaben des Herrn Brentano über englische Zustände mit Vorsicht aufzunehmen seien; er selbst mache kein Hehl daraus, dass er sich seine Informationen fast ausschliesslich bei den Arbeitern und deren Freunden geholt habe; es sei nöthig, über die englischen Zustände noch genauer unterrichtet zu werden. — Allein was die Angabe angeht, ich habe mir und zwar nach eigenem Eingeständniss meine Information fast ausschliesslich bei den Arbeitern und deren Freunden geholt, so ist sie in dieser Allgemeinheit einfach nicht richtig. Im ersten Bande meiner „Arbeitergilden der Gegenwart" giebt das zweite Kapitel die Geschichte des Gewerkvereins der englischen Maschinenbauer, und das Material zu dieser Geschichte habe ich mir selbstverständlich fast ausschliesslich bei den Maschinenbauern geholt. Alle andern Kapitel meiner beiden Bände sind jedoch auf Grund offizieller Berichte und anderer gedruckter Quellen verfasst. Fast den gesammten Inhalt des ersten Bandes veröffentlichte ich in England, bevor er im Deutschen erschien. Derselbe wurde von den Organen der verschiedensten Parteien besprochen, ohne dass mir Vorwürfe, wie Herr Meyer sie gegen mich erhebt, gemacht worden wären. Und noch in diesem Jahre hat der Cobden-Club in seinen Abhandlungen Auszüge aus demselben veröffentlicht. Was aber den zweiten Band angeht, so beruht derselbe fast ausschliesslich auf den gedruckten Berichten des Parlaments und den gedruckten Transactions der von Lord Brougham gegründeten und, so lange er lebte, geleiteten „National Association for the Promotion of Social Science", und ich habe sorgfältig für jede einzelne meiner Angaben auf die Quellen verwiesen. Dieses Material ist Jedermann zugänglich. Das königl. statistische Bureau zu Berlin enthält es vollständig. Auch habe ich bereits in der Vorrede meines Buches meine Bereitwilligkeit ausgesprochen, jedem Nachfragenden mein gesammtes Material zur Einsicht zur Disposition zu stellen, und ich bin jederzeit bereit, mein Versprechen zu halten. Selbstverständlich kann es mich nur freuen, wenn Jemand sich der Arbeit unterzieht, das von mir bearbeitete Feld nochmals zu durchpflügen!

Hiemit hätte ich alle Einwendungen des Herrn A. Meyer gegen die von mir zu Gunsten der Einigungsämter geltend gemachten englischen Erfahrungen berücksichtigt. Es sei mir noch gestattet, zu zeigen, wie ein Einigungsamt nach englischem Muster in dem von ihm gegen mich vorgeführten Falle der Pflug'schen Fabrik gewirkt haben würde. Die Fabrikbesitzer behaupteten, den Lohn nicht erhöhen zu können, ohne die Rentabilität der Fabrik zu gefährden; die Arbeiter behaupteten, bei den bestehenden Löhnen nicht existiren zu können. Wir nehmen an, beide Theile hätten sich von vornherein anheischig gemacht, sich dem Spruch eines Einigungsamtes zu unterwerfen. Dieses Einigungsamt wird nun zuerst untersuchen, welche Behauptung die richtige ist. Ist nur die Behauptung eines der beiden Theile richtig, die des anderen unrichtig, so ist die Entscheidung leicht. Schwierig ist offenbar nur der Fall, in dem beide Behauptungen richtig sind, und Herr A. Meyer scheint anzunehmen, auch in diesem Falle müsse das Einigungsamt für die eine und gegen die andere der beiden Parteien entscheiden. Allein in diesem Falle wird der Ausspruch des Einigungsamtes einfach der sein, dass eine Industrie an einem Orte keine Berechtigung habe, wo der Grund und Boden einen so hohen Tauschwerth und die Lebensmittel einen so hohen Preis haben, dass es unmöglich ist, aus dem Productionsertrage dem in der Production verwendeten Capitale den nöthigen Gewinn und den in der Production verwendeten Arbeitern den nöthigen Lohn zu bezahlen, dass es daher nöthig sei, die betreffende Industrie an einen anderen Ort zu verlegen. Und welches wird in dem angenommenen Falle der Verlauf sein, wenn kein derartiger Ausspruch des Einigungsamtes das Stattfinden einer Arbeitseinstellung verhindert? Entweder nöthigen die Fabrikanten die Arbeiter zur Annahme ihrer Bedingungen oder umgekehrt. Findet das Erste statt und wird die Industrie an dem betreffenden Orte weiter betrieben, so zeigt der Erfolg, dass die Angabe der Arbeiter unrichtig war; im umgekehrten Falle wird durch den Erfolg die Unrichtigkeit der Angaben der Fabrikanten bewiesen. Bei genauer Prüfung wäre aber das Einigungsamt im Stande gewesen, die Unrichtigkeit der einen oder anderen Angabe zu beweisen, und nur die Arbeitseinstellung wäre erspart worden. Kann aber der Arbeiter wirklich nicht bei dem höchsten Lohne leben, den die Fabrik zu zahlen im Stande ist, und rentirt sich die Fabrik wirklich nicht, wenn den Arbeitern ein Lohn gezahlt wird, der ihnen zu leben gestattet, so wird, mag die eine oder die andere Partei als Siegerin aus der Arbeitseinstellung hervorgegangen sein, es immer unmöglich sein, dass die betreffende Industrie an dem fraglichen Orte weiter bestehe. Gleichviel also ob Einigung oder Arbeitseinstellung stattfindet, gleichviel ob Arbeitgeber oder Arbeiter aus der Arbeitseinstellung als Sieger hervorgehen, das Endresultat wird dasselbe sein, nur führt das Einigungsamt durch berechnetes Wirken mit Ersparniss von Erbitterung und Entbehrungen zu demselben Ergebnisse, welches blind waltende Naturgesetze durch den Kampf ums Dasein hervorbringen.

Breslau, den 24. November 1872.

Prof. Dr. L. Brentano.

(Wir haben vorstehendem Artikel mit Absicht diese Stelle eingeräumt, da weder Herr Dr. Alex. Meyer noch Herr Prof. Brentano die Frage der Einigungsämter als reine Parteifrage zu betrachten scheinen, die sie nach unserer Ansicht auch nicht ist. Indem wir selbstverständlich Herrn Dr. Meyer die Antwort überlassen, bemerken wir unserer Seits nur, dass gerade das Beispiel der Pflug'schen Fabrik uns für die Einigungsämter nicht eben sehr zu sprechen scheint.

D. Red. d. Bresl. Zeitung.

Breslauer Zeitung No. 562.
Sonnabend den 30. November 1872.

HERR BRENTANO UND DIE EINIGUNGSÄMTER.

Herr Professor Brentano hat in der Mittwochs-Nummer dieser Zeitung einen von mir verfassten Artikel über die Einigungsämter einer Entgegnung gewürdigt, und damit einen zwar naheliegenden, aber bisher sorgfältig vermiedenen Weg betreten, die Discussion zu fördern. Wie Jemand die Frage über die Nützlichkeit der Einigungsämter als eine Parteifrage auffassen kann, verstehe ich nicht; ich kann mir keinen anderen Grund denken, als Anhänger der Einigungsämter aufzutreten, als weil man von denselben Vortheile erwartet, und keinen anderen Grund, sie zu bekämpfen, als weil man sie für nutzlos oder schädlich hält. Die Entscheidung darüber, welche dieser beiden Ansichten die richtige sei, kann nur durch einen Austausch der Ansichten gefördert werden, und diesem sind unsere Herren Gegner mit Beharrlichkeit ausgewichen. Auf den volkswirthschaftlichen Congressen, wo wir sie mit offenen Armen aufgenommen hätten, sind sie nicht erschienen; von Eisenach, wo wir bereit gewesen sein würden, den Kampf gleichfalls aufzunehmen, haben sie uns ausgeschlossen; und auch den Weg der schriftlichen Discussion haben sie nur in der Weise betreten, wie Herr Professor Wagner in seinem klassischen Briefe an Herrn

Oppenheim, nämlich mit der Versicherung, dass es ihnen fern läge, Gründe vorzubringen, und dass sie nur die Absicht hätten, einige unnachahmliche Grobheiten an den Mann zu bringen. Herr Brentano ist der erste, der, allerdings nach wiederholter Anregung, den Weg der ernsthaften Discussion betritt. Ebenso erfreulich, wie dieser Umstand, ist mir die Thatsache, dass gerade die „Breslauer Zeitung" es ist, der es gelungen, den Herrn Brentano zu wenigstens gelegentlicher Mitarbeiterschaft heranzuziehen.*) Von den gegnerischen Blättern haben wir *fair play* nicht zu erwarten; dafür kann ich auffällige Belege beibringen. Die „Preussischen Jahrbücher" brachten kürzlich einen Artikel von Held, der drei unrichtige Citate enthielt, und verweigerten mir die Aufnahme einer factischen Berichtigung. Die „National-Zeitung" hat die Schrift des Herrn Seyffardt todtgeschwiegen, und als sie kürzlich in der „Gegenwart" von Herrn v. Unruh angegriffen wurde, brachte sie zwar eine Erwiderung, verschwieg aber, dass der Gegner, den sie bekämpfte, Herr v. Unruh sei, derselbe Herr v. Unruh, der seit einem Vierteljahrhundert nicht anders, als mit Liebe und Ehrfurcht genannt wird, und von der „National-Zeitung" selbst so oft mit diesen Gefühlen genannt worden ist. Solchen Beispielen gegenüber darf ich wohl mit Stolz darauf hinweisen, dass die „Breslauer Zeitung", wie

---

*) Herr Brentano hat uns aus eigenem Antriebe den Artikel angeboten und wir haben ihn gern aufgenommen.
Die Red. d. Bresl. Zeitg.

Herrn Schmoller, nun auch Herrn Brentano unverkürzt zu Worte kommen lässt.
Ich wende mich nun zu den Argumenten des Herrn Brentano.

1) Derselbe verlangt Beweise von mir, dass die Arbeiter, welche zur Feststellung der continentalen Lohnverhältnisse auf Reisen geschickt worden sind, „bestochen worden seien, damit sie lügen". Ja, wird denn nach der empirisch-statistischen Methode der Thatbestand der Bestechung nur dann für festgestellt erachtet, wenn der Bestecher dem Bestochenen eine Summe Geldes mit der Bemerkung in die Hand drückt: „Dies Geld gebe ich Dir, damit Du ein Unrecht begehst?" Nach den Erfahrungen des gewöhnlichen Lebens geht es anders zu. Man verschweigt den Grund, aus dem das Geld gegeben wird. „Hier, mein guter Freund, zum Ersatz für Eure Auslagen", oder so ähnlich lautet die Wendung, mit welcher das Geld überreicht wird, und der Empfänger hat Verständniss genug, den Zusammenhang zu ahnen. Ein Arbeiter, der fremdes Geld annimmt, Geld, das doch zu einem erheblichen Theile von den Arbeitgebern aufgebracht wird, und mit diesem Gelde die Kosten einer gewiss sehr genussreichen Reise bestreitet, behält schwer die Unbefangenheit, die Wahrheit zu ermitteln, so weit sie zu Ungunsten seiner Wohlthäter ausfallen würde. Ein unantastbarer Beweis ist über psychologische Motive nie zu erbringen; wer aber die durchschnittliche Natur des Menschen als Maassstab anlegt, wird unter den bezeichneten Verhältnissen die Angaben

solcher Emissäre für nicht ganz unverdächtig halten. Jedenfalls wird er sich der Wahrnehmung nicht verschliessen, welch ein Missbrauch mit den Einigungsämtern zum Nachtheil der Arbeiter möglich und naheliegend ist.

2) Auch dafür verlangt Herr Brentano Beweise, und zwar quellenmässige, dass Fabrikanten sich dem Ausspruche des Einigungsamtes nur deswegen unterworfen haben, weil sie, von vornherein zur Nachgiebigkeit entschlossen, nur eine beschönigende Form suchten. Auch hier handelt es sich nicht um ausgesprochene, sondern sorgfältig verheimlichte psychologische Motive, und so lange die Menschen nicht die Gewohnheit annehmen, ihre geheimsten Gedanken zu notariellem Protokoll zu erklären, werde ich den Beweis in der geforderten Form nicht beibringen können. Wer es indessen für statthaft erklärt, auf die menschliche Natur Schlüsse zu bauen, wird auch zugeben, dass die Mehrzahl der Menschen sich gern goldene Brücken bauen lässt. Er wird es daher, wenn nicht für empirisch-statistisch nachgewiesen, so doch für psychologisch wahrscheinlich halten, dass ein Fabrikant, welcher zum Nachgeben gezwungen ist, lieber dem Ausspruche eines Schiedsgerichts, als der kategorischen Forderung der Arbeiter sich fügt.

3) Meine Behauptung, dass die Einigungsämter in England keineswegs allgemein verbreitet seien, nennt Herr Brentano „irreführend", kann ihr aber doch nicht die entgegengesetzte gegenüberstellen, dass sie allgemein verbreitet seien. Seine Darstellung, dass da,

wo Einigungsämter bestehen, sie mit Erfolg wirken, und dass, wo Arbeitseinstellungen vorkommen, solche Aemter nicht bestehen, kann ich, in Ermangelung eigener Anschauung der englischen Zustände nicht bestreiten. Wenn sie richtig ist, folgt für mich daraus nur, dass man solche Aemter bisher stets da, und nur da gebildet hat, wo beide Parteien über das von ihnen zu schliessende Compromiss schon im Voraus einig waren.

4) Dass Herr Professor Brentano mit einer gewissen Voreingenommenheit gegen die Arbeitgeber an seine Schrift gegangen, hat Bamberger in der „Gegenwart" und in der „Augsburger Allgemeinen Zeitung" im Detail nachgewiesen. Während Herr Brentano gegen die Arbeitgeber die Prädikate „empörend, pharisäisch" und ähnliche stets bei der Hand hat, bringt er es zu keinem rückhaltlosen Verwerfungsurtheil über die Gräuelthaten von Sheffield. Seine Darstellung der Gewerkvereinspolitik stützt er ausschliesslich auf die Darstellung der Gewerkvereinler. Wo ihm eine Thatsache entgegentritt, die mit dieser Darstellung nicht übereinstimmt, bezeichnet er sie als eine „recht unterhaltende Anekdote" (II. S. 81) und erklärt sie für unbewiesen, obwohl ein unverwerflicher, freilich in sein Material nicht aufgenommener Bericht darüber vorliegt, nach dem Grundsatz: *Quod non est in actis, non est in mundo.* So erstaunlich die Sorgfalt ist, mit welcher er Material zusammengetragen hat, so sehr ist ihm die unkritische Benutzung desselben durch Bamberger nachgewiesen.

5) In Betreff der Arbeitseinstellung in der Pflug'-schen Fabrik kommt Herr Brentano zu dem Resultat, ein Einigungsamt würde, wenn es die Angaben der Arbeitgeber und der Arbeiter (die einander ja nicht ausschliessen), für wahr erkannt hätte, dahin entschieden haben, dass der Betrieb der Fabrik von Berlin hinweg und an einen Ort zu verlegen sei, wo Lebensmittel und Wohnungspreise billiger seien. Ganz recht; dahin wird es wahrscheinlich auch ohne Einigungsamt kommen; ein anderer Weg wird schwer zu finden sein. Das ist ein neuer Beweis dafür, dass Alles, was ein Einigungsamt vorschreiben kann, sich auch ohne Einigungsamt stets von selbst vollzieht, dass somit eine solche Einrichtung nutzlos sei.

Alexander Meyer.

Breslauer Zeitung No. 568.
Mittwoch den 4. December 1872.

DIE ERWIDERUNG DES HERRN A. MEYER BEZÜGLICH DER EINIGUNGSÄMTER.

Die Replik des Herrn Alexander Meyer auf meinen Brief vom 24. November über die Einigungsämter hat mich in hohem Maasse erfreut. Nicht immer habe ich unter den Anhängern der sog. deutschen Freihandelsschule so liebenswürdige Gegner gefunden. Herr Meyer ist nämlich im Irrthume, wenn er meint, mein Brief vom 24. November sei der erste Versuch meinerseits gewesen, volkswirthschaftliche Fragen mit

Anhängern seiner Partei zu discutiren. Bald ist es ein Jahr, dass Herr H. B. Oppenheim die „Katheder-Socialisten" auf's heftigste angriff. Ich schrieb eine, wie Herr Oppenheim später selbst anerkannte, durchaus sachliche Erwiderung. Allein nicht nur von der Zeitung, in der der Angriff erschien, sondern auch von einer Reihe anderer, derselben Partei angehöriger Organe wurde die Aufnahme meines Artikels, wenn auch in liebenswürdigster Weise *, abgelehnt, bis er nach langer Irrfahrt im „Hamburger Correspondenten" Unterkunft fand. In den Spalten des „Hamburger Correspondenten" gelangte dann auch Herr Oppenheim wieder zu Worte. Der dort gegen mich veröffentlichte Artikel steht in seiner Broschüre „Der Katheder-Socialismus" abgedruckt. Ja Herr Oppenheim hat mir bei diesem Abdruck sogar den Triumph gewährt, durch Hinweglassung derjenigen Stellen seines Aufsatzes, die ich in meiner Erwiderung hauptsächlich angriff, deren Unhaltbarkeit selbst zuzugestehen!

Weniger Beifall, als der Art und Weise, in der Herr Meyer meinen Brief aufnahm, kann ich den Argumenten spenden, die er gegen denselben ins Feld führt. Offenbar wird Herr Meyer sagen, in Folge meiner „Voreingenommenheit!" Und wenn Herr Meyer diesen Vorwurf der „Voreingenommenheit" auch erst als vierte Einwendung gegen mich vorgebracht hat, sei es mir doch gestattet, seine Stichhaltigkeit zuerst

---

*) Es sei mir gestattet, nachträglich hier beizufügen, dass zu diesen Organen auch die „Preussischen Jahrbücher" gehörten, denen Herr A. Meyer damals nahestand.

zu untersuchen; denn offenbar hängt von der Richtigkeit dieses Vorwurfs auch der Werth meiner übrigen Ausführungen ab.

Herr A. Meyer sagt, Herr Bamberger habe mir in der „Gegenwart" und in der „Augsburger Allg. Zeitung" im Detail nachgewiesen, dass ich mit einer gewissen Voreingenommenheit gegen die Arbeitgeber an die Abfassung meiner Schrift gegangen sei. Bevor ich auf die hierfür angeführten angeblichen Belege eingehe, ein paar Worte über den wirklichen Sachverhalt. Wirklich verhält sich die Sache umgekehrt. Meine theoretische Ausbildung hatte ich vornehmlich in Hermann's Schule erhalten, und ich glaube, Hermann liesse sich alles andere eher vorwerfen, als Vorliebe für Gewerkvereine. Noch in seinem posthumen Werke fällt er unter dem Eindrucke der Correspondenzen, welche Ende der sechziger Jahre die Zeitungen aus England brachten, die härtesten und irrigsten Urtheile über die englischen Gewerkvereine. Und von denselben Vorurtheilen war ich befangen, als ich 1868 nach England und an die Untersuchung der Gewerkvereine ging. Nur durch sorgfältiges, eingehendes Studium der wirklichen Verhältnisse kam ich zu meiner heutigen Auffassung. Das Material aber, das ich hauptsächlich durchstudirte, war das Material, welches die 1867 zur Untersuchung der Gewerkvereine niedergesetzte königl. Commission lieferte. Diese Commission bestand in ihrer Mehrheit aus Gegnern der Gewerkvereine. Sie wurde niedergesetzt recht eigentlich zu dem Zwecke, um Beweismaterial für die zahllosen gegen die Gewerkvereine in der Luft schwirrenden Anklagen zu sammeln. Zu diesem Zwecke unterzog sie nicht nur Gewerkvereinler dem bekannten englischen Kreuzexamen, sondern ebenso Arbeitgeber und den Gewerkvereinen feindliche Arbeiter und dritte Personen. Aber das Resultat der zweijährigen Untersuchung war, wie ein Commissionsmitglied sich ausdrückte, dass „die Anklage als Ganzes zusammenbrach, und umgekehrt verlangten nun die Angeklagten Gerechtigkeit." Nicht nur ich selbst, sondern die ganze öffentliche Meinung Englands hat in Folge der Zeugenaussagen vor dieser Commission das Urtheil über die Gewerkvereine geändert!

Was aber die angeblichen Belege für meine Voreingenommenheit und für die unkritische Benutzung meines Materials angeht, die Herr Bamberger in der „Gegenwart" wenigstens — (die „A. Allg. Z." habe ich nicht gesehen) — gegen mich vorführt, so bestehen sie in einer Reihe scharfer Ausdrücke, deren ich mich bedient habe bei Beurtheilung bestimmter concreter Fälle, in denen Arbeitgeber sich unentschuldbar verhielten, oder bei Charakterisirung unwürdiger Verhältnisse, wie sie in England nach officiellen Zeugnissen vielfach bestehen oder bestanden. Ich halte diese Ausdrücke nicht nur ausnahmslos aufrecht, sondern bin der festen Ueberzeugung, dass, wenn Herr Bamberger auch die Verhältnisse angegeben hätte, auf die sich diese Ausdrücke beziehen, seine Leser alle jene Ausdrücke unterschrieben haben würden. — Herr Meyer sagt weiter, ich bringe es zu keinem rückhaltlosen Verwerfungsurtheil über die Gräuelthaten von Sheffield. Allein offenbar entsann er sich als er dies schrieb, nicht der Stelle in meinem I. Bande S. 135: „Der Bericht der königl. Commission über einige Gewerkvereine zu Sheffield zeigt sogar eine Reihe der scheusslichsten, systematisch ausgeführten Verbrechen." Oder nimmt Herr Meyer etwa daran Anstoss, dass ich fortfahre: „Aber es wird sowohl von dem" (den Gewerkvereinen feindlichen) „Mehrheits- wie von dem" (den Gewerkvereinen freundlichen) „Minderheitsberichte der Commission anerkannt, dass sich diese Reste aus früherer Zeit rein local und nur in gewissen Gewerken bei ausserordentlicher individueller Verkommenheit, unterstützt durch besondere gewerbliche Verhältnisse erhalten haben", oder dass ich in einer Note diese Eigenthümlichkeiten der Sheffielder Arbeiter angebe? Ich bin nicht gewohnt, die Einsicht in die Bedingungen, welche in irgend einem vorliegenden Falle eine bestimmte Klasse moralischer Entartung gefördert haben, auf die Strenge des sittlichen Urtheils Einfluss gewinnen zu lassen. — „Seine Darstellung der Gewerkvereinspolitik", fährt Herr Meyer fort, „stützt er ausschliesslich auf die Darstellung der Gewerkvereinler." Schon das letzte Mal musste ich das Unrichtige dieser früher noch allgemeiner aufgestellten Behauptung hervorheben. Allein auch in ihrer engern Fassung muss ich sie als unwahr zurückweisen. Meine Darstellung der Gewerkvereinspolitik beruht fast ausschliesslich auf den im Kreuzexamen von der genannten königl. Commission vernommenen Zeugen, und dass ich bei dieser Darstellung nur die Aussagen der Gewerkvereinler und nicht auch die Aussagen von Arbeitgebern und von Arbeitern, die den Gewerkvereinen feindlich waren, benutzt hätte, kann man nur behaupten, wenn man mit meiner Darstellung nur sehr flüchtig bekannt ist. Und wenn endlich Herr Meyer von mir sagt: „Wo ihm eine Thatsache entgegentritt, die mit der Darstellung nicht übereinstimmt, bezeichnet er sie als eine „recht unterhaltende Anekdote" und erklärt sie für unbewiesen, obwohl ein unverwerflicher, freilich in sein Material nicht aufgenommener Bericht darüber vorliegt", so ist die Sache gerade umgekehrt: „Wo mir eine Darstellung entgegentritt, die mit den Thatsachen nicht übereinstimmt", bezeichne ich sie für unbewiesen. „Die Angabe", sage ich an der Stelle, auf die Herr Meyer verweist, „dass die Gewerkvereine einen Arbeiter verhinderten, im Stücklohn mehr wie eine gewisse Maximalsumme wöchentlich zu verdienen, diese Angabe, der Faucher in einer recht unterhaltenden Anekdote in Deutschland Eingang zu verschaffen gesucht hat, ist von keinem vor der königl. Commission vernommenen Arbeitgeber auch nur erwähnt, geschweige denn durch Beweise erläutert worden; dagegen haben die Gewerkvereinler selbst gerade das Gegentheil bezeugt." Der „unverwerfliche" Bericht, der vorliegt, ist also ein Bericht des Herrn Faucher und zwar ein Bericht, den er in der Form der Erzählung eines Erlebnisses in seiner Zeitschrift erstattet! Ich meine aber, wenn vor einer Commission, die zwei Jahre lang bestrebt war, alle den Gewerkvereinlern irgendwie ungünstigen Thatsachen an's Licht zu fördern, eine angebliche Thatsache von den Arbeitgebern nicht einmal erwähnt wurde, sei es das Gegentheil von „unkritischer Benutzung" zu sagen: *Quod non est in actis, non est in mundo!* Abgesehen von der Thatsache, dass mir, wie ich schon das letzte Mal hervorhob, in England selbst Vorwürfe, wie sie Herr Meyer gegen mich erhebt, niemals gemacht wurden, glaube ich nach dem Angeführten von ihm verlangen zu dürfen, dass er, bevor er die Zuverlässigkeit meiner Darstellung wieder in Zweifel zieht, deren Unzuverlässigkeit aus dem von mir benutzten Materiale beweise. An quellenmässigen Beweisen scheint Herr Meyer allerdings keine Freude zu haben. Ich hatte von ihm Beweise für die Behauptung verlangt, dass in dem einen Falle, in dem Arbeiter auf Kosten des Einigungsamtes eine Reise nach dem Continent zur Controlirung einer Angabe der Arbeitgeber machten, diese Arbeiter durch die Reise zu falschen Zeugnissen verleitet worden seien. Diesen Beweis zu verlangen war ich durchaus berechtigt: denn selbst angenommen, die persönlichen Erfahrungen des Herrn Meyer, — um die ich ihn in diesem Falle nicht beneiden würde, — gingen dahin, dass der Durchschnitt der Menschen in dem gedachten Falle in der von ihm bezeichneten Weise handeln würde, so dürfte er diese Durchschnittserfahrungen doch nur bei Beurtheilung einer Mehrzahl von Fällen als Durchschnittswahrheit bezeichnen. Wer dagegen bei Beurtheilung von einzelnen concreten Handlungen lediglich die „durchschnittliche Natur des Menschen als Maassstab anlegt", d. h. den Handelnden ohne concrete Anhaltspunkte schändliche Motive zuschreibt, pflegt zum Mindesten scharfen Tadel zu ernten. Herr Meyer hat nun, statt den exacten Beweis für seine Behauptung anzutreten, mittelst der „psychologischen" Methode durch Ableitungen aus dem Satze, dass Jemand, der fremdes Geld annehme, um damit eine genussreiche Reise zu machen, schwer die Unbefangenheit behalte, auf dieser Reise die Wahrheit zu ermitteln, soweit sie zu Ungunsten seiner Wohlthäter ausfallen würde, seine Behauptung wenigstens wahrscheinlich zu machen gesucht. Nun gut! Acceptiren wir diese Methode für unsern Fall, wenn sie auch im Allgemeinen da, wo es sich um einzelne bestimmte Fälle handelt, gänzlich unzulässig ist. Wer waren denn die „Wohlthäter" in dem concreten Falle? Die Reisekosten wurden zu gleichen Theilen von den Arbeitgebern und Arbeitern getragen. Offenbar waren die Arbeiter also ebensosehr die „Wohlthäter" der entsendeten Delegirten, wie die Arbeitgeber. Ja sie waren dies noch in höherem Grade. Denn die Arbeiter waren es, welche die Delegirten gewählt hatten; von der Zufriedenheit der Arbeiter hing ferner deren Wiederwahl ab; und endlich hatten die Arbeiterdelegirten selbst Vortheil, wenn sie die Angaben der Arbeitgeber als unrichtig darstellten! Nehmen wir also selbst an, die Arbeiterdelegirten wären die vermutheten Schurken gewesen, so ist die Wahrscheinlichkeit doch viel grösser, dass sie ihren Schurkenstreich statt zu Gunsten der aus Arbeitgebern bestehenden Hälfte ihrer „Wohlthäter" zu Gunsten der Hälfte begingen, die aus Arbeitern bestand! Gerade nach der „psychologischen" Methode mussten sie, wären sie Lügner gewesen, gegen die Arbeitgeber entscheiden, zumal in dem Klassengefühle, das die englischen Arbeiter beseelt, ein weiteres psychologisches Motiv gegeben ist, von dem die Philosophie der Freihandelsschule sich allerdings nichts träumen lässt, das aber nichts desto weniger mehr wie alle andern egoistischen Triebe ihr ganzes Dasein beherrscht. Gerade nach Herrn Meyer's Methode also hätten die Delegirten, wären sie Lügner gewesen, das Entgegengesetzte von dem bezeugen müssen, was sie bezeugten!

Sodann hatte ich Beweise für die Behauptung gefordert, dass in Fällen, in denen der Schiedsspruch zu Gunsten der Arbeiter erfolgt war, die Fabrikanten sich dem Spruche nur deswegen unterwarfen, weil sie, von vornherein zur Nachgiebigkeit entschlossen, nur nach einer schönen Form suchten, um sich zu fügen. Trotz genauester Durchforschung der englischen Quellen, hatte ich gesagt, sei ich niemals auf eine derartige Angabe gestossen. Ich bat Herrn Meyer dringend um einen Beleg für seine Behauptung. Allein auch hier liess sich Herr Meyer nicht erweichen, einen exacten Beweis auch nur zu versuchen. Die Mehrzahl der Menschen, denkt er, lasse sich gerne goldene Brücken bauen und so werde es bei den besagten Fabrikanten gleichfalls gewesen sein! Mehr könne man von ihm nicht verlangen, als dass er seine Behauptung auf diese Weise psychologisch wahrscheinlich mache. — Aber Schade, dass, wenn Herr Meyer seine Vermuthung auch nicht quellenmässig zu beweisen, ich sie doch quellenmässig zu widerlegen im Stande bin! Wir haben ausdrückliche Zeugnisse Mundella's vor der königlichen Commission für Gewerkvereine wie in seinen Vorträgen, wie Fabrikanten einem ungünstigen Ausspruche eines Einigungsamtes, dem sie im Voraus sich unterworfen hatten, nur widerwillig und nur unter dem Drucke der öffentlichen Meinung sich fügten. Wir haben Zeugnisse Kettle's von lebhaften Streitigkeiten zwischen den Parteien, die durch den Unparteiischen geschlichtet werden mussten, und Kettle empfiehlt ja eben mit Rücksicht hierauf, dass der Unparteiische periodisch für eine gewisse Zeit gewählt werde, weil, wenn der Streit einmal ausgebrochen ist, die Wahl eines Unparteiischen Schwierigkeiten bereitet. Wie vertragen sich aber diese Streitigkeiten und das Zeugniss, dass die Fabrikanten sich, zwei Fälle ausgenommen, stets unterwarfen, auch wenn sie Unrecht erhielten, mit der Hypothese des Herrn Meyer? Wie verträgt sich vor Allem mit derselben, dass das englische Einigungsamt eine dauernde Institution ist, die nicht erst im einzelnen concreten Streitfall gebildet wird, sondern die, ständig, alle Verhältnisse zwischen Fabrikanten und Arbeitern regelt, vor die also alle Angelegenheiten gebracht werden müssen, gleichviel ob die Fabrikanten von vornherein nachzugeben bereit sind oder nicht, und dass, mit den erwähnten Ausnahmen, bis jetzt alle Sprüche der Einigungsämter ausgeführt wurden? — Aber vielleicht erklärt Herr Meyer jene Streitigkeiten für blosse Comödien, die Angaben Mundella's und Kettle's darüber für Fabeln, diese Männer selbst für Humbugs und das Bestehen der Einigungsämter überhaupt für Mythe! Eben durch die Ständigkeit der englischen Einigungsämter wird auch die weitere Vermuthung des Herrn Meyer widerlegt, dass man Einigungsämter bisher stets da und nur da gebildet habe, wo beide Parteien über das zu schliessende Compromiss im Voraus einig sind. Das Einigungsamt zu Nottingham besteht seit 1860 ununterbrochen. Seit der Zeit sind eine Reihe von Compromissen geschlossen worden, über die man vor 12 Jahren doch wohl nicht schon einig sein konnte. Dieses Einigungsamt war ferner das Resultat, man konnte sagen, eines hundertfünfzigjährigen Kampfes. Und während seit 1710 alljährlich die erbittertsten Streitigkeiten zwischen Arbeitgebern und Arbeitern in Nottingham stattgefunden hatten und abwechselnd Fabriken angezündet und Arbeiter gehängt wurden, und während es noch 1860 die grösste Mühe kostete, die misstrauischen und erbitterten Gemüther zur ersten Einigung zu bewegen, ist seit 1860 in Nottingham keine einzige Arbeitseinstellung gewesen, — eine treffliche Illustration zu der von Herrn Meyer behaupteten „Nutzlosigkeit" der Einigungsämter. Allein während Herr Meyer durch einen Blick in die von der königl. Gewerkvereins-Commission veröffentlichten Blaubücher oder in die Vorträge Mundella's und Kettle's, insbesondere vor der Social Science Association, von diesen Thatsachen sich überzeugen könnte, zieht er es vor, durch Deductionen aus seiner „Voreingenommenheit" mich zu bekämpfen. Während — wenn er auch englische Zustände aus eigener Erfahrung nicht kennt — das Material, dessen ich mich bediente, ihm keineswegs unzugänglich ist und er es wenigstens versuchen könnte, aus meinem Material mich zu widerlegen, scheut er das Material, als könne er durch dessen Studium seine Unbefangenheit einbüssen und bekämpft durch apriorische Deductionen aus zweifelhaften Hypothesen meine Resultate. Es ist dies dieselbe Stellung, welche die Theologie gegenüber der exacten historischen und naturwissenschaftlichen Forschung einnimmt. Da wird es hier für unmöglich erklärt, dass Honorius ein Ketzer gewesen, weil dies der Unfehlbarkeit des Papstes widerspreche, dort aus der Bibel die Bewegung der Erde um die Sonne negirt. Von Hypothesen ausgehend, welche durch die Erfahrung erst bewiesen werden müssten, werden notorische Thatsachen für unmöglich, und der, der sich auf sie beruft, für böswillig oder voreingenommen erklärt. Mag man diese Methode eine theologische, advocatische oder eine Methode der Verzweiflung nennen, — gleichviel: nur mögen Diejenigen, die sich ihrer bedienen, nicht Anspruch auf Wissenschaftlichkeit machen!

Zum Schlusse sei bemerkt, dass Herr Meyer meiner Ausführung zustimmt, dass ein Einigungsamt in dem Streite der Arbeiter der Pflug'schen Fabrik zu demselben Ergebnisse geführt haben würde, zu dem sich jetzt die Leiter der Fabrik, trotzdem sie als Sieger aus der Arbeitseinstellung hervorgingen, genöthigt sehen. Allein wenn Herr Meyer beifügt, dies sei ein neuer Beweis dafür, „dass Alles, was ein Einigungsamt vorschreiben könne, sich auch ohne Einigungsamt stets von selbst vollziehe, dass somit eine solche Einrichtung nutzlos sei", so schliesse ich daraus, dass er verschweigt, dass das Einigungsamt mit Ersparniss von Erbitterung und Entbehrungen zu diesem selben Ergebnisse führt, dass er auf dieses Ersparniss gar kein Gewicht legt.

Breslau, den 1. December 1872.   L. Brentano.

Breslauer Zeitung No. 576.
Sonntag den 8. December 1872.

SCHLUSSWORT GEGEN HERRN BRENTANO.

Herr Professor Brentano hat sich in der Nummer vom Mittwoch mit einer Ausführlichkeit ausgesprochen, die mich zwingt, desto kürzer zu sein, um die Leser nicht zu ermüden. Ich muss auf die Grenzen der Geduld der Leser Rücksicht nehmen, die meinem Herrn Gegner nicht auferlegt sind, und mir scheint, er erkennt seinen Vortheil.

Die Hauptfrage ist die, ob die englischen *boards of conciliation and arbitration* wirklichen Nutzen gestiftet; nur über diese, und auch über diese zum letzten Male will ich einige Worte erwidern und in Betreff alles Anderen die Akten für geschlossen halten. Aus den Arbeiten des Herrn Brentano geht hervor, dass jene Aemter manche Streitigkeit beigelegt haben; ob sie sie indessen in verständiger und allseitig befriedigender Weise beigelegt haben, ist auf dem Wege der Empirie nicht zu entscheiden. Das Material, welches Herr Brentano mir zu Gebote stellt, würde für mich nur dann einen Werth haben, wenn sich unter demselben ein Zauberfenster befände, mittelst dessen man den Menschen in das Herz sieht. Ob in einem einzelnen bestimmten Falle die Schiedsrichter sich der Bestechlichkeit schuldig gemacht haben, ist eine Frage, die vielleicht vor den Criminalrichter, aber sicher nicht in eine wissenschaftliche Erörterung gehört. Dass die Gefahr vorhanden ist, dass unlautere Motive bei der Entscheidung eines solchen Schiedsgerichts sich einmischen, ist unbestreitbar, und die sonderbare Reise, welche die Handwerker von Nottingham gemacht, zeigt mir, dass die Gefahr eine naheliegende ist. Und auf diese Gefahr aufmerksam zu machen, schien mir eine Pflicht, damit ihr begegnet werden kann. Alex. Meyer.

SCHLUSSBEMERKUNG DES HERAUSGEBERS.

Das vorstehende Schlusswort des Herrn Meyer entspricht vollständig dem Charakter seiner ganzen Polemik. In der „Spener'schen Zeitung" vom 16. August 1872 hat Herr Meyer erklärt, die Meinungsverschiedenheiten zwischen den deutschen Bastiatiten und der jüngern deutschen volkswirthschaftlichen Schule könnten nicht durch ein freundschaftliches Compromiss erledigt, sie müssten mit Gründen bis auf das letzte Jota ausgefochten werden, und wie ich den Kampf mit ihm aufnehme, bricht er in Jubel aus, dass es ihm endlich gelungen, einen angeblich kampfscheuen Gegner auf den Kampfplatz zu locken. Nachdem ich ihm nun mit sachlichen Gründen entgegengetreten bin, zieht er sich plötzlich zurück unter dem Vorgeben, dass ich auf dem Terrain der „Breslauer Zeitung" vor ihm Vortheile besässe, indem ich nicht wie er auf die Geduld der Leser Rücksicht nehmen müsse. Ein desfallsiges Bedenken der Redaction würde jedenfalls mir viel eher im Wege stehen als ihm, dem langjährigen Mitarbeiter der Zeitung, und überdies ist es Herr

Meyer, welcher in der „Breslauer Zeitung" diese Polemik begonnen hat.

Herr Meyer giebt zwar jetzt zu, dass die englischen Einigungsämter Streitigkeiten zwischen Arbeitgebern und Arbeitern beigelegt haben, bestreitet aber, dass die Zweckmässigkeit ihrer Entscheidungen auf dem Wege der Empirie zu ermitteln sei. Ueber die Zweckmässigkeit festgestellter Arbeitsbedingungen giebt es keinen competenteren Richter als die Empirie, und der Umstand, dass Arbeiter und Arbeitgeber in Nottingham zwölf Jahre hindurch den Spruch des Einigungsamtes ·jährlich aufs Neue aufgesucht haben, ist ein thatsächlicher Beweis dafür, dass alle Parteien die Wirksamkeit dieser Institution als eine befriedigende angesehen haben. Solche Erfahrungen sind sachliche Gründe vom höchsten Gewicht. Herr Meyer sollte sie nicht in einem Artikel verlangen und in einem andern, wenn sie ihm unbequem werden, ablehnen. Könnte Herr Meyer seine Abneigung gegen thatsächliches Material überwinden, so würde er den Werth von Institutionen, die für praktische Wirksamkeit bestimmt sind, unzweifelhaft lieber nach diesen Erfahrungen als nach theoretischen Voraussetzungen abmessen. Auch bedarf man zur Würdigung dieses Materials keines Zauberfensters: denn durch ein englisches Kreuzexamen werden die Ansichten der Parteien über bestimmte Einrichtungen so weit ans Licht gestellt, dass darüber kein Zweifel bestehen kann.

Im Vertrauen darauf, dass dem Zeitungsleser die Einzelheiten der Polemik nicht mehr in Erinnerung sein werden, erklärt Herr Meyer, dass die Frage, ob die Arbeiterdelegirten des Nottinghamer Einigungsamtes in einem bestimmten Falle bestochen worden seien, nicht in eine wissenschaftliche Erörterung, sondern vor den Criminalrichter gehöre. Aus der obigen Polemik ergiebt sich, dass Herr Meyer jene Anschuldigung ausgesprochen hat und nicht ich, und er hat damit auf die Kritik, mit der ich das mir vorliegende Material benutzt habe, einen Schatten zu werfen gesucht. Nachdem ich ihm nachgewiesen, dass sogar die von ihm selbst angewandte „psychologische" Methode nicht zur Begründung sondern zur Widerlegung˙ seiner Insinuation führt, flüchtet er hinter die Behauptung, dass er nur auf die allgemeine Gefahr menschlicher Fehlerhaftigkeit habe aufmerksam machen wollen. Die Möglichkeit, dass menschliche Schwäche auch bei schiedsrichterlichen Sprüchen sich geltend macht, wird gewiss Niemand bestreiten; aber insoweit solcher Gefahr bei der Mangelhaftigkeit menschlicher Einrichtungen überhaupt vorgebeugt werden kann, ist ihr im vorliegenden Falle vorgebeugt durch die Zusammensetzung des Einigungsamtes, welches aus freigewählten Vertretern der beiden dabei interessirten Parteien gebildet ist.

Da ich bei Erörterung so ernster Fragen im Gegensatze zu Herrn Meyer gewöhnt bin, von Thatsachen und nicht von Einbildungen auszugehen, wird der Leser es begreiflich finden, dass ich keine Neigung verspüren kann, mit Gegnern dieser Art auf eine Discussion mich einzulassen. Wenn ich in diesem

Falle diese Abneigung überwunden habe, so hat mich dabei vornehmlich der Gesichtspunkt bestimmt, ein für alle Male an einem concreten Falle die Methode der Gegner allen denen zur Anschauung zu bringen, die sich ernstlich über die Sache unterrichten wollen.

Breslau, Mitte December 1872.

L. Brentano.

Druck von Bär & Hermann in Leipzig.